MÉTHODES INSTRUMENTALES
FastTrack™
Traduit de l'anglais par Cédric Barth

Batterie 2

INTRODUCTION

T0056627

Pourquoi avoir acheté ce second volume ?

Vous l'avez acheté parce que vous prenez plaisir à jouer de la batterie. Et nous en sommes heureux – vous avez choisi un bel instrument !

Nous supposons que vous avez déjà lu (et relu quelques centaines de fois) FastTrack™ **Batterie 1**. Si ce n'est pas le cas, nous vous conseillons de commencer par là (ça nous embêterait d'aborder des notions pour lesquelles vous n'êtes pas encore prêt.)

En tout cas, cette méthode reprend les choses là ou le **volume 1** les avait laissées. Vous allez apprendre beaucoup de nouveaux rythmes, de nouveaux fills, ainsi que de nombreuses techniques très utiles. Et, bien sûr, la dernière section de tous les **FastTrack**™ est la même afin que vous puissiez former un groupe avec vos amis et faire un bœuf !

Alors si vous vous sentez toujours prêt à vous lancer dans cette méthode, finissez votre pizza, sortez le chat, débranchez le téléphone, et allons-y pour une jam...

Ayez toujours à l'esprit les trois règles d'or : être **patient**, s'**exercer**, trouver son **rythme**. Nous en ajouterons une quatrième à la liste : soyez **fier de vous** quand vous avez réussi quelque chose.

À PROPOS DU CD

(... non, ce n'est pas un Frisbee !)

Nous sommes heureux que vous ayez remarqué le bonus qui accompagne cette méthode – un CD ! Tous les exemples musicaux du livre se retrouvent sur le CD pour que vous puissiez les écouter et vous en servir comme accompagnement quand vous serez prêt. Ecoutez le CD chaque fois qu'apparaît le symbole  .

Chaque exemple du CD est précédé d'une série de clicks qui indique le tempo et la mesure. Sélectionnez le haut-parleur de droite sur votre chaîne stéréo pour écouter plus particulièrement la partie de batterie ; sélectionnez le haut-parleur de gauche pour écouter seulement l'accompagnement. Quand vous serez plus sûr de vous, essayez de jouer la partie à la batterie avec le reste du groupe.

HAL•LEONARD®
CORPORATION
7777 W. BLEUMOUND RD. P.O. BOX 13819 MILWAUKEE, WI 53213

ORGANISEZ-VOUS

Comme vous l'avez appris dans le **volume 1**, une batterie peut avoir un nombre variable de tambours, de cymbales et d'accessoires divers. La plupart des exercices et des exemples de cette méthode peuvent être joués sur un set comme celui-ci :

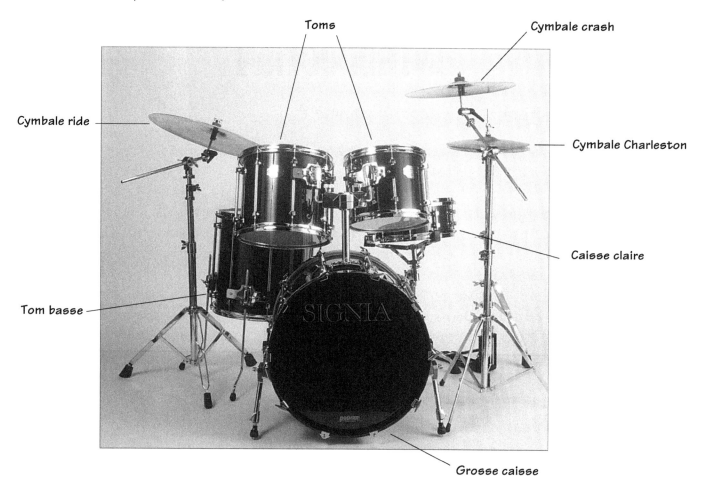

Si vous avez un set plus grand (petit veinard !), reportez-vous aux sections spéciales consacrées à certains de ces « jouets » supplémentaires.

Vous trouverez ci-dessous un court rappel des positions sur la portée et des formes des notes pour chaque tambour, cymbale et accessoire :

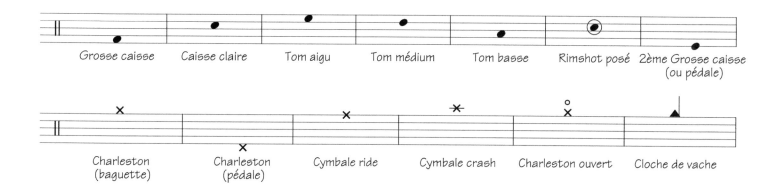

Okay. Prêt ? C'est parti...

LECON 1
Vous voulez du rock !

On l'a déjà dit et on le redira : **la façon dont vous jouez** est aussi (si ce n'est plus) importante que **ce que vous jouez**. Dans ce livre, nous allons vous montrer quelques-uns des styles communément utilisés en musique aujourd'hui. Vous pouvez appliquer ces styles à pratiquement n'importe quelle chanson.

Alors que nous présentons chaque style, remarquez comme les éléments musicaux suivants changent :

 Les figures rythmiques (noires, croches, doubles-croches, etc.)

 Les sons employés (tambours, cymbales, accessoires)

Nous apprendrons aussi de nouveaux rythmes, grooves et techniques dans la suite du livre. Commençons par un style qui a toujours eu beaucoup de succès…

Le Rock 'n' Roll

La musique rock existe sous différentes formes : rock classique, blues-rock, pop rock, hard-rock, heavy-metal. Ses origines remontent aux années 1950 et aux légendaires Elvis Presley, Jerry Lee Lewis, et Beatles.

Les premiers rythmes rock étaient généralement joués avec un **motif de croches régulières**. Le premier exemple est un des rythmes les plus utilisés dans le rock'n'roll des années 1950-60. (REMARQUE : Jouez le ride (motif rythmique) soit sur le charleston, soit sur la cymbale ride.)

❶ Les Débuts du Rock

Essayez quelques variations sur ce rythme de base. Elles ont toutes été utilisées dans des centaines de chansons au fil des ans. Sur la piste 2 du CD, chaque motif sera joué deux fois, immédiatement suivi par celui d'après :

❷ Standards Rock

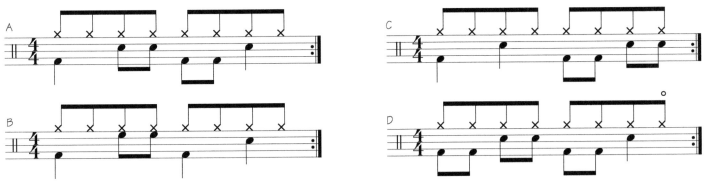

Voici quatre rythmes apparentés qui ont également été utilisés dans bon nombre de chansons. Comme précédemment, chacun est joué deux fois sur le CD, immédiatement enchaîné avec le suivant.

❸ Rythmes Rock Apparentés

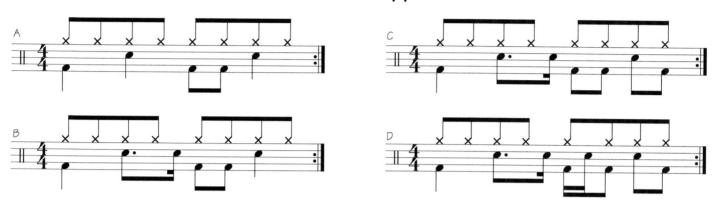

Le **motif de noires régulières** est souvent associé à de nombreux disques Motown des années 1960 mais il a aussi été utilisé par Roy Orbison dans « Oh, Pretty Woman » (voir **FastTrack™ Drums Songbook 1**) et sur des disques des Rolling Stones, Young Rascals, Jefferson Airplane, etc. C'est facile et ça donne un bon son !

❹ Rock de Noires Régulières

Ce rythme rend bien aussi avec des noires dans le motif de cymbale, ou avec un rimshot posé sur la caisse claire.

Deux et quatre...

Le motif ci-dessous, dans lequel le charleston cesse de jouer sur les temps 2 et 4 quand la caisse claire est frappée, a été utilisé par Charlie Watts dans différentes chansons des Rolling Stones. C'est aussi un des rythmes préférés de Levon Helm (The Band), Kenny Aronoff (John Mellencamp), Jim Keltner (Travelling Wilburys) et de beaucoup d'autres batteurs.

Le fait de frapper la caisse claire seule sur les temps 2 et 4 vous permet d'obtenir un backbeat vraiment solide.

❺ Comme Charlie

☞ Les batteurs rock de l'époque se servaient souvent de la cymbale ride et du charleston partiellement ouvert pour propulser la musique. (La caisse claire et la grosse caisse étaient jouées avec conviction mais pas vraiment plus fort que la ride ou le charleston.)

Le Rythme Bo Diddley

L'un des innovateurs rock le plus important des années 1950 est un guitariste / chanteur / compositeur qui s'appelle Bo Diddley. Beaucoup de ses chansons comportent un rythme dont l'origine est un instrument de percussion d'Amérique latine : les **claves**. Le rythme de base des claves ressemble à ça :

Le batteur de Diddley joue souvent des croches sur le tom basse avec un léger effet « shuffle » accentuant le motif des claves. (Nous expliquerons l'effet « shuffle » dans la Leçon 3, mais le morceau n° 6 vous en donnera un petit avant-goût.) Pour pimenter le tout, ajoutez quelques accents supplémentaires sur le tom basse, tout en renforçant les principaux accents avec la grosse caisse, comme le montre l'exemple 6B ci-dessous. (Chaque exemple est joué deux fois sur le CD.)

6 Bo connait la Chanson

Nouveau Jouet : les Maracas

Diddley avait toujours un joueur de maracas qui jouait les croches avec le batteur. Si vous voulez vraiment avoir le son Bo Diddley, demandez à votre chanteur de secouer une paire de maracas pendant que vous jouez le rythme Bo Diddley sur le tom basse. (Pourquoi d'ailleurs le chanteur ne ferait-il pas quelque chose de ses mains ?)

Voyons si vous pouvez entendre l'influence du rythme Diddley dans trois motifs très populaires – avec un ride de croches, un ride de noires et un ride de doubles-croches. Chaque exemple sera joué deux fois, immédiatement enchaîné avec le suivant :

7 Bo et Varié

Voici deux morceaux qui utilisent des fills comme partie intégrante du rythme de batterie.
Ils vont vous aider à développer une sensibilité rock'n'roll...

8 ## We Gotta Go

9 ## Hey, You!

LECON 2

Trois pour le prix de deux...

Vous savez déjà que deux croches sont égales à une noire, tout comme quatre doubles-croches. Et bien devinez quoi ? Vous pouvez également diviser une noire par trois. Quel est ce nouveau rythme ?

Les Triolets

On définit un triolet comme étant « trois notes jouées sur la durée de deux notes de même valeur ». Un **triolet de croches** se distingue d'un groupe de trois croches « ordinaires » à la barre horizontale surmontée du chiffre 3 qui relie les croches du triolet :

Voici comment s'écrit et se compte un triolet en mesure à 4/4. Tapez la pulsation du pied et comptez à haute voix en écoutant le morceau n° 10. Jouez-le ensuite vous-même...

🔟 ◆ Exemple de Triolet #1

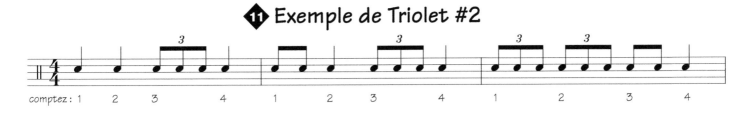

comptez : Tri - o - let   Tri - o - let   Tri - o - let   Tri - o - let

 Vous pouvez également employer le mot « cho-co-lat » pour vous aider à compter les triolets. (Bien sûr, vous risquez d'avoir un petit creux après avoir compté pendant une longue chanson !)

Mélangeons ces triolets avec d'autres rythmes.

1️⃣1️⃣ ◆ Exemple de Triolet #2

comptez : 1   2   3   4   1   2   3   4   1   2   3   4

De nombreuses ballades rock, blues et country utilisent les triolets. Voici un rythme élémentaire de batterie basé sur des triolets dont vous pouvez vous servir pour des ballades. (Ça rend très bien avec un rimshot posé sur les temps 2 et 4 !)

1️⃣2️⃣ ◆ Ballade en Triolets

Pour les chansons vraiment lentes, on divise souvent la croche du milieu des premier et troisième triolets en deux doubles-croches :

13 Slow en Triolets

Voici douze variations du rythme en triolets. Comme d'habitude, vous les entendrez deux fois chacune, enchaînées les unes après les autres. Allez-y doucement et faites-vous plaisir...

14 Douze Grooves de Triolets

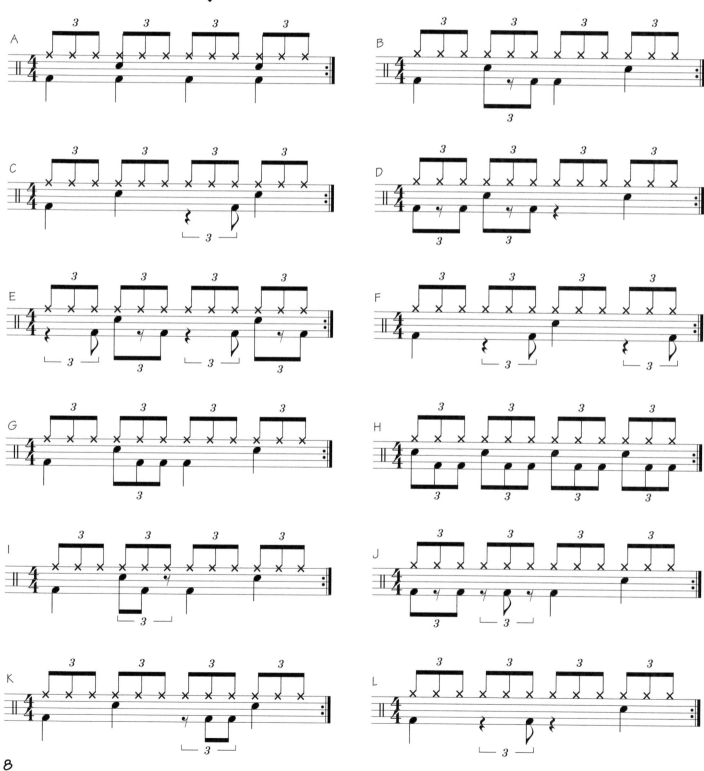

Faites le plein...

Les triolets peuvent s'avérer utiles pour improviser vos parties de remplissage ou « fills ». Vous trouverez ci-dessous quelques fills de triolets pour vous aider à développer votre technique sur les différents éléments du set. Accompagnez le morceau n° 15 du CD en suivant la première ligne de musique. Insérez un nouveau fill à chaque reprise (fill A, fill B, etc.)

◆15 Fills de Triolets # 1

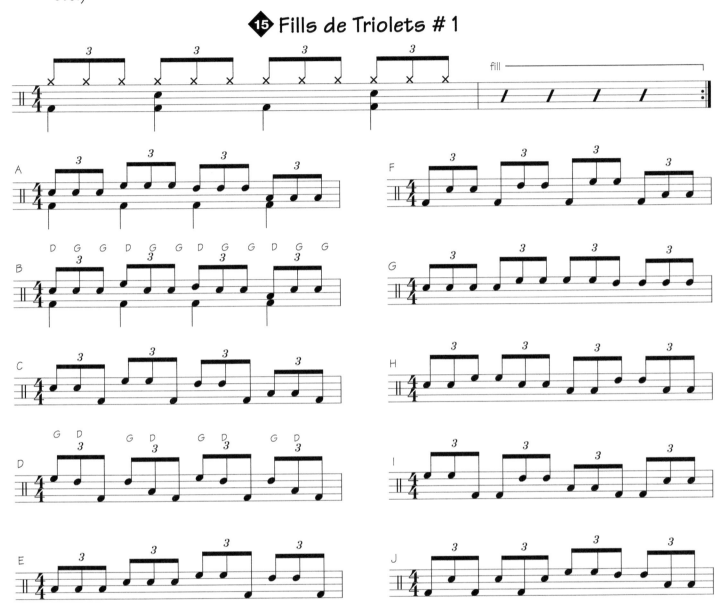

Vous pouvez également jouer des fills de triolets après un motif de croches ou de doubles-croches régulières. Servez-vous des mêmes fills ci-dessus (A, B, C, etc.) pour accompagner le morceau n° 16. Dans le cas présent, le rythme de base est entièrement en croches :

◆16 Fills de Triolets # 2

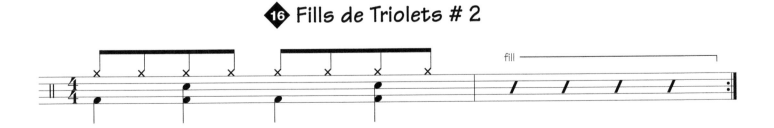

Mettez maintenant ces triolets à l'épreuve dans une ballade lente un peu plus longue.
Ecoutez peut-être d'abord le morceau deux ou trois fois avant de le jouer.

🔷 Chanson Triste

REMARQUE : Le symbole (◁) signifie qu'il faut jouer de plus en plus fort.

3/4...4/4...12/8 ?

Jusqu'à présent, vous avez joué avec un chiffrage dans lequel un temps valait une noire. Il est temps de passer à autre chose (c'est bien de changer !) :

12 battements par mesure
une croche (1/8 de ronde) = un battement

Dans une mesure à 12/8, la croche est l'unité de battement servant de référence pour toutes les notes et tous les silences :

une croche =   une noire =   une noire pointée =   une blanche pointée =
un battement   deux battements   trois battements   six battements

De cette façon, la pulsation en 12/8 donne l'impression qu'il y a quatre temps par mesure, chaque temps étant divisé en trois. (Trois ? Ça vous rappelle quelque chose ?) Cela provient du fait que les rythmes en 12/8 sont joués de la même manière que des rythmes en 4/4 avec des triolets. Comparez le motif suivant avec le morceau n° 12 (page 7) — ils sonnent exactement pareil :

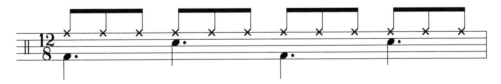

Au lieu de compter jusqu'à douze, on a l'habitude de compter les mesures à 12/8 en regroupant les croches par trois...

REMARQUE : On peut aussi écrire des chansons en **mesure à 6/8**, ce qui revient à couper chaque mesure à 12/8 en deux.

LECON 3
L'effet shuffle

Comme nous l'avons dit brièvement, un des rythmes les plus populaires basés sur les triolets est le **shuffle**. Le rythme shuffle de base est obtenu en passant sous silence la note centrale de chaque triolet :

⑲ Shufflin' Down the Road

Les shuffles sont parfois écrits en 12/8 (en omettant toujours la note du milieu). Retrouvez l'exemple ci-dessous sur le CD, plage 19 :

> FINI LA PAGAILLE : A la place de tous les silences, vous pouvez associer une noire à une croche pour obtenir le même effet.

Plusieurs écritures possibles...

Sur certaines partitions, les shuffles sont écrits entièrement avec des croches, mais une instruction particulière en début de morceau vous dit de jouer chaque paire de croches comme s'il s'agissait d'un triolet noire-croche. Ou alors, pour compliquer les choses (à moins que ce ne soit pour les simplifier), on peut écrire les shuffles avec des paires croche pointée / double-croche.

De quelque manière que vous l'écriviez, un shuffle reste un shuffle. Voici deux manières différentes de retranscrire un shuffle. Les deux mesures se jouent exactement de la même manière que le rythme du morceau n° 19...

> Relax ! Ne comptez pas... essayez simplement de le « sentir » !

Insistez sur l'essentiel...

La majorité des shuffles se jouent en **accentuant** fortement les backbeats. Vous devriez non seulement cogner dur sur la caisse claire (des **rimshots** ne seraient pas de trop), mais aussi souligner les backbeats avec le charleston ou la ride. Les shuffles ont généralement une forte pulsation de noires que nous accentuerons donc en priorité sur la grosse caisse. Le morceau n° 20 est un excellent motif de shuffle que l'on retrouve dans beaucoup de chansons :

20 Shuffle de Base

Pour ajouter du corps au shuffle, de nombreux batteurs jouent l'effet shuffle entièrement sur le charleston (ou la ride) en le doublant sur la caisse claire. Le plus important est de jouer les backbeats accentués **beaucoup plus fort** que les autres notes.

21 Shuffle Doublé #1

Quand vous jouez le rythme shuffle sur la cymbale ride, vous pouvez renforcer les backbeats avec des coups de pédale charleston. Le prochain exemple est écrit en 12/8 pour changer. (Remarquez qu'en 12/8, les noires sur la grosse caisse deviennent des noires pointées.)

22 Shuffle Doublé #2

Plus puissant...

Si les guitaristes disposent de « power chords », il existe des **power shuffles** pour les batteurs. On va jouer le rythme shuffle « en bas », entre la grosse caisse et la caisse claire, et la pulsation de noires « en haut », sur le charleston. Ecoutez les deux motifs du morceau n° 23 (vous les avez probablement entendus dans de nombreuses chansons !). Chacun est joué deux fois...

23 Power Shuffle

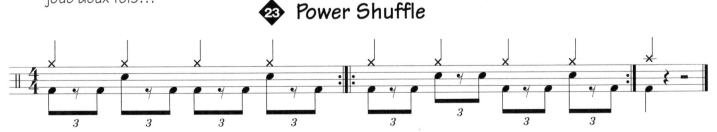

Pour les tempos vraiment rapides, vous pouvez jouer le shuffle en alternant les deux mains : la gauche s'occupe de tous les « temps levés », et la droite fait l'aller-retour entre le charleston et la caisse claire.

◆24 Shuffle Rapide

Ou bien jouez simplement le motif de shuffle sur la caisse claire, en alternant les mains. (Le batteur de Stevie Ray Vaughan a utilisé cette technique pour beaucoup de shuffles rapides !)

◆25 Shuffle Clair #1

Nouveaux Jouets : les Balais et les Baguettes à Embouts Multiples

Pour un « rendu » différent, essayez à nouveau le morceau n° 25 en utilisant des **balais** ou des baguettes à **embouts multiples** (photos ci-contre) au lieu de baguettes standard.

(Ne vous inquiétez pas – ils ne sont pas chers !)

Voici une version « jazzy » du shuffle utilisée sur quelques-uns des premiers disques de rock'n'roll. Dans cette version, la pulsation des noires est plus accentuée que les backbeats.

◆26 Shuffle d'Antan

Mi-temps ?

Vous vous rappelez du half-time du volume 1 ? Le **shuffle half-time** est un autre effet très apprécié. Jouez le même rythme shuffle sur le charleston ou la cymbale ride, mais au lieu d'insister sur les backbeats (temps 2 et 4), accentuez le temps 3 ; au lieu d'une pulsation de noires sur la grosse caisse, jouez des blanches.

27 Shuffle Half-time #1

Voici une variation sur la grosse caisse qui rend bien avec le shuffle half-time...

28 Shuffle Half-time #2

Si la guitare rythmique s'occupe de maintenir le groove de base du shuffle, vous pouvez varier le rythme de batterie (sans avoir à jouer toutes les notes du motif de shuffle). Voici quelques variations qui marchent bien dans ce genre de situations :

29 Deux Variations de Shuffle

Vous rencontrerez parfois un shuffle écrit en 6/8. Comme nous l'avons suggéré page 11, prétendez simplement qu'il s'agit de mesures à 12/8 coupées en deux.

30 Shuffle en 6/8

 Vous avez mérité votre « troisième mi-temps » ! Appelez quelques copains et demandez-leur d'apporter à boire et une bonne cassette vidéo.

LEÇON 4
Vous avez le blues...

Vous n'avez jamais entendu parler du blues ? Mais où étiez-vous ? Le blues existe depuis des lustres et a été rendu célèbre par des musiciens légendaires comme B.B. King, Eric Clapton et Muddy Waters. Le blues est amusant (et facile) à jouer.

Une Forme de 12 Mesures

Les blues les plus typiques suivent une **forme de 12 mesures**. Cela ne veut pas dire que la chanson ne dure que douze mesures, mais qu'elle répète plusieurs fois des phrases (ou sections) de 12 mesures.

Les douzes mesures sont généralement divisées en **trois phrases de quatre mesures**. Les paroles (s'il y en a) de la première phrase sont généralement reprises dans la seconde phrase (avec peut-être une légère variation), puis changent dans la troisième phrase. Par exemple :

Phrase	Exemple de paroles (sortez les mouchoirs !)
1	"Well, I woke up this mornin', and my dog had died."
2	"I said, I woke up this mornin', and my poor dog had died."
3	"I felt so bad when I found him, I hung my head and cried."

C'est comme vous voulez...

Les chansons de blues peuvent être rapides ou lentes. Les shuffles sont très appréciés des musiciens de blues, mais on peut jouer le blues avec des motifs de croches ou de doubles-croches régulières, ou presque n'importe quel autre rythme.

Les autres membres du groupe jouent des progressions d'accords très spécifiques qui vont préciser la forme de 12 mesures. En tant que batteur, vous devez également être conscient des caractéristiques de cette forme musicale et l'accentuer en conséquence.

En guise d'apéritif, accentuez le début de chaque phrase de quatre mesures avec un coup de cymbale crash. (REMARQUE : Vous n'allez pas toujours accentuer le début de chaque phrase de quatre mesures avec la crash, mais vous devez être capable de le faire quand cela vous semble approprié.)

31 Blues en 12 Mesures

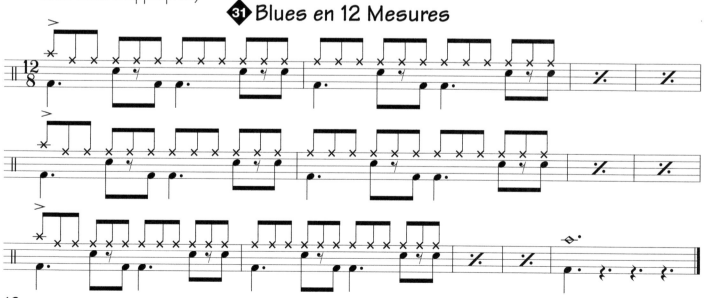

16

Moins de remplissage...

Avec le blues, les batteurs peuvent se détendre et jouer simplement le rythme. Le reste du groupe se charge de tout ce qui est « tape-à-l'œil ». Toutefois, il existe quelques endroits appropriés où placer des effets. Mais il est important de savoir quand et où, afin de ne pas empiéter sur un super solo de blues à la guitare...

 Cymbale crash : L'endroit du motif le plus important à reconnaître (et à accentuer) est le début de chaque phrase de 12 mesures. Si vous ne frappez la cymbale crash qu'une seule fois durant les 12 mesures, frappez-la sur le premier temps de la première mesure.

 Ajoutez des fills : Un bon moyen de signaler que le motif est sur le point de recommencer est de jouer un fill durant la dernière (douzième) mesure qui amène la cymbale crash au départ de la première phrase.

 Variez le ride : Si vous voulez passer d'un ride sur le charleston à un ride sur la cymbale (ou inversement), faites le changement au début d'une phrase de 12 mesures – et non en plein milieu. D'habitude, on fait un tel changement quand quelque chose d'autre change dans la chanson. Vous allez peut-être jouer votre ride sur le charleston durant le chant et passer sur la cymbale ride pour le solo de guitare.

Mettez cela en pratique dans le morceau qui suit :

32 Fill du Mauvais Coton

Sachez lire une Grille...

Vous trouverez sur la page suivante une **grille de blues** type. Une grille n'est pas aussi précise qu'une partition, mais elle vous donne des informations rudimentaires concernant ce qu'il faut jouer (en vous laissant une grande part d'interprétation). Passez la liste ci-dessus en revue et marquez ces endroits sur la grille avant de jouer.

Vous êtes censé remarquer rapidement qu'il s'agit d'une forme de 12 mesures, composée de trois sections distinctes. La première est une mélodie au clavier ; la seconde un solo de guitare ; la troisième une reprise de la mélodie de clavier.

 La première mesure vous dit de jouer un effet shuffle, mais vous n'êtes pas obligé de vous limiter à ce qui est écrit. Cette écriture est juste là pour vous donner l'atmosphère générale. Les slashes qui suivent signifient qu'il faut continuer dans un style similaire.

 Dans les mesures 12 et 24, jouez des fills sur les temps 3 et 4. Dans la mesure 36, jouez un fill qui dure toute la mesure (pour le bouquet final). Mais jouez ce que vous voulez dans ces fills (du moment que ça sonne bien !).

 Remarquez les indications de coup de cymbale crash. Dans la seconde section, vous devez en donner un sur le temps 1 de la première mesure. Dans la troisième section, vous devez en donner un au début de chaque phrase de quatre mesures. (C'est une manière de faire monter l'intensité à la fin d'une chanson.)

ENCORE UNE CHOSE : Bien que ce ne soit pas indiqué sur la grille, il serait intéressant de jouer sur le charleston durant les première et troisième sections, et de passer sur la cymbale ride durant la seconde section (le solo de guitare). Ou inversement...

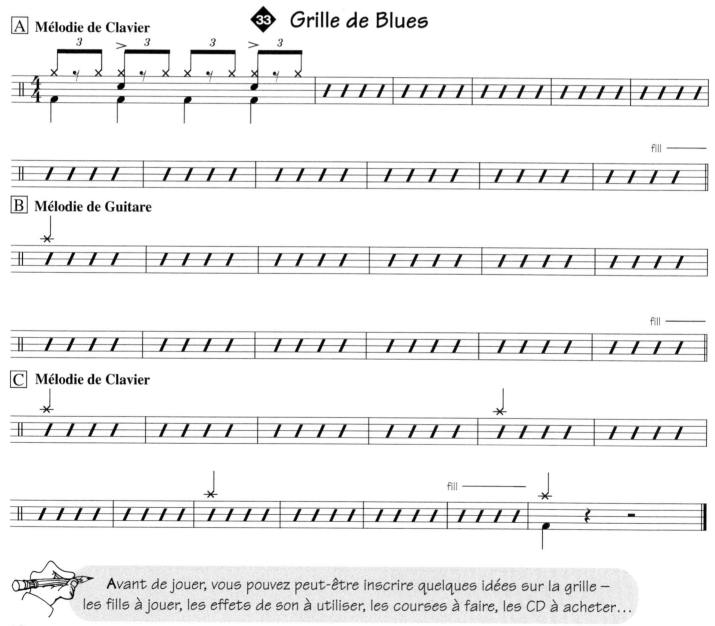

33 Grille de Blues

Avant de jouer, vous pouvez peut-être inscrire quelques idées sur la grille —
les fills à jouer, les effets de son à utiliser, les courses à faire, les CD à acheter...

18

LECON 5

Bienvenue à Nashville...

Il y a quelques années, vous n'employiez pas les mots « country » et « batterie » dans une même phrase, car la musique country n'utilisait pas de batteur. Les temps ont changé et la musique country actuelle emprunte des éléments à divers autres styles. Elle a cependant un son, une ambiance et un caractère qui lui sont propres.

Country

La règle principale pour les musiciens country est de servir les paroles. Les batteurs de country ont donc tendance à privilégier un jeu très simple, mais efficace. (Hé, une chanson de country ne vaut pas grand chose si elle ne fait pas danser ou pleurer les gens.)

Beaucoup de chansons country sont basées sur le rythme shuffle. Cependant, alors qu'un shuffle de blues ou de rock a une pulsation soutenue de noires, un shuffle de country est souvent joué avec un effet à « deux coups » — c'est-à-dire que vous ne jouez la grosse caisse que sur les temps 1 et 3.

34 Shuffle Country

Certains shuffles de country (surtout les plus rapides) utilisent une version plus « jazzy » du rythme shuffle, version également utilisée dans le style « western swing »...

35 Shuffle Country avec Swing

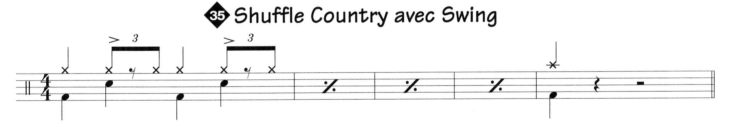

CONSEIL : Pour un effet et un son country très appréciés, jouez le ride sur la caisse claire avec un **balai**, et les backbeats en rimshot posé (au lieu de jouer le ride sur le charleston ou la cymbale avec des baguettes et de cogner sur la caisse claire de la même façon que d'habitude).

Pour les tempos très rapides, jouez le shuffle entièrement sur la caisse claire avec des baguettes ou des balais, en alternant les mains :

36 Shuffle Clair #2

De nombreuses chansons country pop sont basées sur un rythme très simple et très direct (des croches et des noires). Les variations de la grosse caisse sont généralement assez basiques. Les deux prochains rythmes sont joués chacun deux fois sur la plage 37 du CD :

37 Country Pop

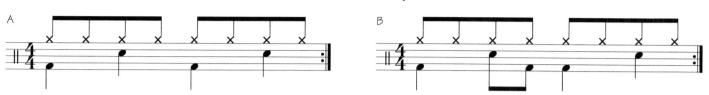

☞ IMPORTANT : Ne soyez pas lourdaud – « basique » ne veut pas dire « ennuyeux ». C'est peut-être facile mais vous êtes toujours supposé jouer avec conviction et caractère.

Les chansons country ont souvent un motif constant à **deux coups**. On peut le voir comme un effet de noires **détachées** (exemple ci-dessous à gauche), ou comme un effet de croches avec les accents sur les « et » (exemple ci-dessous à droite). Les deux sonnent pareil.

38 Country à Deux Coups

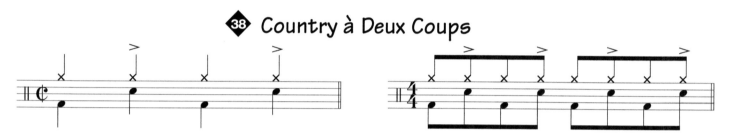

Les artistes country aiment aussi les chansons à trois temps – généralement appelées **valses**. Bien qu'une valse traditionnelle porte souvent les accents sur les temps 2 et 3, la plupart des batteurs country n'accentuent que le temps 3 (souvent avec un rimshot posé).

39 Valse Texanne

Le **train feel**, ainsi nommé pour son « son de locomotive », est un rythme de country populaire (et plaisant !). Il est souvent joué avec des balais, mais il rend bien aussi avec des baguettes. (Ecoutez avant de jouer...)

40 Country Train

Les batteurs de country jouent parfois uniquement sur la caisse claire (pas de cymbales), en alternant les mains comme ceci :

Cet effet est excellent pour les chansons rapides. Essayez-le dans le morceau qui suit. Il sonne très bien avec des baguettes ou des balais !

41 Country Boy

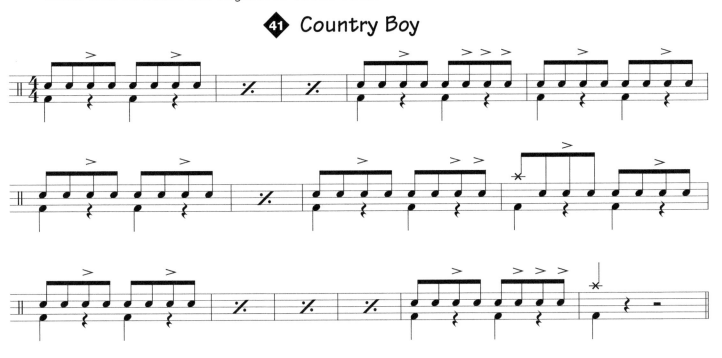

Voici un morceau qui combine country et rock'n'roll…

42 Tennessee Rock

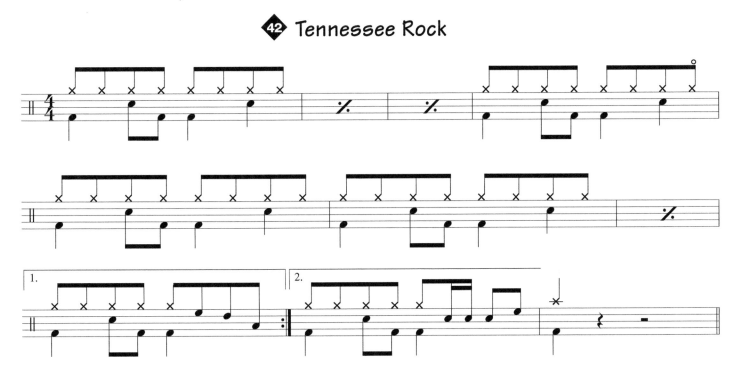

LECON 6
La puissance du rock !

« Hard-rock » est le nom donné à un style de musique rock qui avait une consonance moins « pop » que le rock standard des années 1950/60.

Pour les batteurs, le style hard-rock signifie qu'il faut mettre plus en avant la grosse caisse et la caisse claire et jouer de façon plus agressive. La cymbale ride n'est pas tellement utilisée (en fait, certains batteurs de hard-rock n'ont carrément pas de cymbale ride !). Le ride de charleston est souvent relégué à l'arrière plan. Il ne s'agit pas de le jouer plus doucement, c'est juste que la grosse caisse et la caisse claire sont, elles, jouées plus fort !

La plupart des rythmes de hard-rock accentuent toujours les backbeats sur la caisse claire, mais la grosse caisse est mise à contribution plus souvent que dans les années 1960. Jetez un œil sur (et prêtez une oreille attentive à) ces rythmes hard-rock. Sur le CD, chaque rythme est joué deux fois, immédiatement enchaîné avec le suivant…

43 Dur Comme un Rock

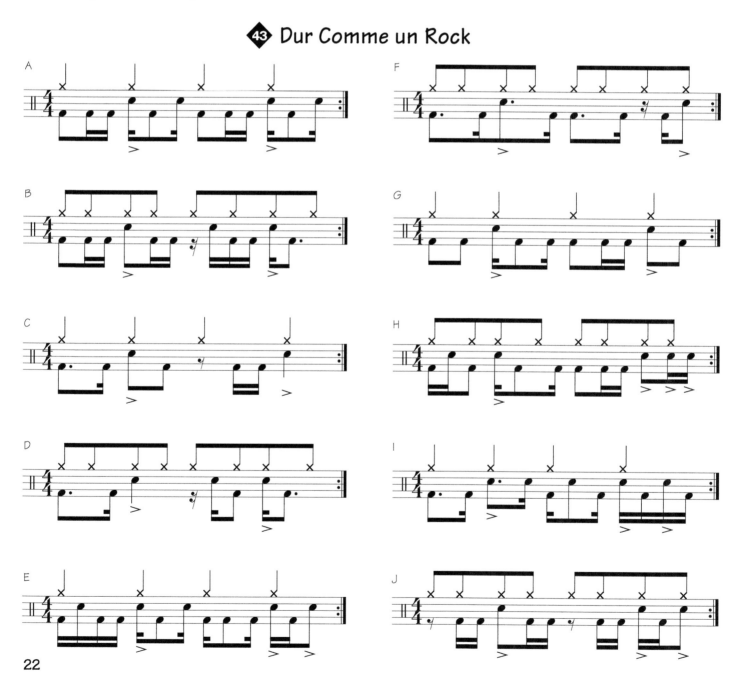

Peut-être plus pour le **heavy-metal** que pour n'importe quel autre style musical, c'est la façon dont vous jouez qui prime sur ce que vous jouez. Les rythmes sont habituellement très simples (Et alors ? Les power chords joués par les guitaristes de heavy-metal le sont aussi !). Mais quand ils sont joués avec les tripes, ces rythmes peuvent être diablement efficaces.

Beaucoup de power beats de heavy-metal sont construits d'après l'un des premiers motifs que vous avez appris à jouer :

44 Puissance Brute

Voici quelques autres rythmes représentatifs du style heavy-metal. Chacun d'eux sera joué (vous l'aviez deviné !) deux fois sur le CD, immédiatement enchaîné avec le suivant.

45 Metal Mania

« C'est le téléphone que j'entends ? »

Les musiciens ont besoin de protéger leurs oreilles du fort volume sonore produit par leurs instruments. Vous entendrez souvent un sifflement dans vos oreilles après avoir joué, mais cela s'estompe généralement au bout de quelques heures. Si vous continuez à exposer vos oreilles à de la musique forte, il arrivera un jour où le sifflement ne partira plus – jamais !

Donc, à moins que vous ne préfériez entendre ce bourdonnement plutôt que vos amis, votre famille ou vos groupes préférés, mettez toujours des bouchons dans les oreilles quand vous jouez (ou portez un casque !). C'est pas cool de perdre son ouïe.

Les batteurs de hard-rock et de heavy-metal ont tendance à utiliser des fills qui vont avec les rythmes qu'ils jouent — basiques et puissants. Essayez ces exemples de fills simples (mais efficaces)...

46 Cognez Dur

Double Grosse Caisse

Si vous avez la chance de posséder deux grosses caisses ou une double-pédale de grosse caisse, voici quelques rythmes très appréciés des joueurs de double grosse caisse. Pour commencer, exercez-vous à jouer des doubles-croches des deux pieds (en veillant à ce que les notes soient égales et le volume constant).

Quand vous jouez autant avec la grosse caisse, il est bon que les autres parties du rythme restent assez basiques, comme dans les exemples ci-dessous. Essayez avec un motif de noires comme dans l'exemple 47A. Puis essayez un motif de croches (comme dans le 47B). Chaque rythme est joué deux fois sur le CD...

◆47 Rudiments de Double

Vous pouvez appliquer la même idée à un motif de triolets, comme dans le 48A ci-dessous. Essayez ensuite le toujours très populaire « shuffle sur double grosse caisse » montré dans le 48B. Chaque rythme est joué deux fois sur le CD (fatigué de nous entendre dire ça ?) :

◆48 Les Pieds sur Terre

Rock Alternatif ou "Grunge"

Dans les années 1990, un nouveau style de musique rock a été rendu très populaire par des groupes comme Nirvana, Pearl Jam ou Soundgarden. La musique alternative n'a vraiment aucune règle en ce qui concerne le rythme, donc tout marche. Les exemples suivants vous donnent une idée sur l'approche alternative. Dans les deux premiers, gardez le charleston légèrement ouvert pour un son vraiment « grungy ».

49 Déchiré

50 Juste Une Tranche

Dans le prochain exemple, remarquez les mesures à 5/4 (mince !) qui sont comme les mesures à 4/4 mais avec un temps supplémentaire. (Hé, on vous avait prévenu que la musique alternative n'a pas de règles !)

51 Black Garden

Faites une nouvelle pause – appelez vos copains et faites-leur apprendre un autre instrument avec **FastTrack**™. Mais ne composez pas les numéros trop vite... Vous êtes supposé laisser vos mains se reposer !

LEÇON 7
Faire équipe avec le bassiste...

Une part importante du rôle de batteur est d'écouter le bassiste. Vous formez à vous deux la base de la **section rythmique**, et c'est à vous de poser un fondement rythmique solide et bien ajusté pour le reste du groupe. Cette leçon vous donne les règles de base et quelques motifs courants pour vous aider à être « en phase » avec le bassiste.

☞ BONUS : Si vous connaissez un bassiste, vous pouvez jouer avec lui sur les mêmes exemples qui se trouvent dans la Leçon 7 du **FastTrack™ Basse 2**. Qui parlait d'être « en phase » ?!

Avec la Grosse Caisse

Dans beaucoup de chansons, la grosse caisse joue le même rythme que le bassiste. Le morceau n° 52 illustre un style courant de ballade. Ecoutez avant de jouer. Soyez particulièrement attentif à la partie de basse et veillez à frapper votre grosse caisse exactement en même temps.

52 Suivez Cette Basse

Essayez maintenant un tempo rock plus rapide. Encore une fois, écoutez attentivement le rythme de la basse et calez vos coups de grosse caisse dessus.

53 Pied au Plancher

Avec la Caisse Claire

Vous utiliserez souvent une combinaison de grosse caisse et de caisse claire pour que votre partie corresponde à la ligne de basse, comme dans les deux prochains exemples :

54 Le B.A.-BA de la Ballade

 Basse Ostinato

 L'Anticipation

Vous n'avez pas besoin de jouer exactement la même chose que le bassiste (pas plus que le bassiste n'est obligé de « s'aligner » exactement sur ce que vous faites). Mais les deux parties doivent aller ensemble.

Une chose à laquelle vous devez être attentif : les changements d'accords du bassiste (ou du groupe entier) juste avant le temps frappé d'une mesure. Ecoutez le morceau n° 56 et remarquez la façon dont les coups de grosse caisse tombent sur le « et » du temps 4 dans les première et troisième mesures, renforçant ainsi les changements d'accords qui **anticipent** le temps 1 des mesures 2 et 4…

 Rattrapez le Temps (Perdu)

Parfois (imaginez-vous ça, vous qui êtes batteur dans un groupe « garage »), il n'y a pas de musique écrite pour le batteur – pas même une grille ! Pas d'affolement – jetez simplement un œil sur la partition du bassiste pour avoir une idée de ce qu'il faut jouer.

Ainsi, si vous voyez une partie de basse comme celle-ci…

…vous pouvez par exemple jouer une partie de batterie comme celle-là :

 Sans Attendre

LECON 8
Les lois du funk

Le style **funk** est particulièrement marrant pour les batteurs, les rythmes étant souvent plus intéressants que ceux, plus directs, des musiques pop et dance.

La Syncope

Un des éléments rythmiques qui distingue le style funk est **la syncope**, qui consiste à « jouer une note forte sur un temps faible ». Cela signifie simplement qu'au lieu de toujours accentuer les temps principaux, vous allez peut-être mettre l'accent sur les « et » (croches en l'air) ou même les « -tre » et les « -ble » (de 'qua-tre dou-ble' de la lecture rythmique des doubles-croches).

La différence est facile à entendre. Le morceau n° 58 est un court exemple de caisse claire joué « la tête dans le guidon »...

🔶 58 En Avant, Marche !

Voici maintenant un exemple très proche mais fortement syncopé...

🔶 59 Marche Syncopée

Les rythmes funk ayant généralement un motif de doubles-croches régulières, il est bon de commencer par jouer des doubles-croches entre le charleston et la caisse claire afin que toutes les notes syncopées de grosse caisse soient placées correctement.

Essayez les grooves suivants. Comme avant, Le morceau n° 60 joue chaque groove deux fois, puis enchaîne avec le suivant...

🔶 60 Doubles-croches Funk

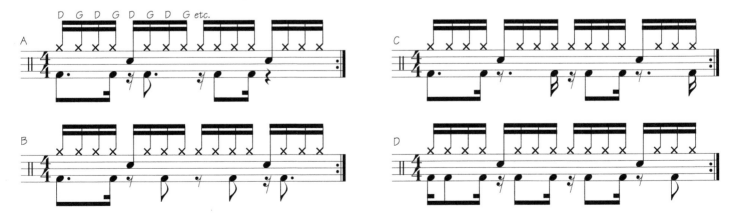

30

Des combinaisons rapides...

Voici quelques exercices pour développer votre capacité à combiner la caisse claire et le charleston. Il est possible de jouer toutes les notes de charleston avec la main droite et les notes de caisse claire avec la gauche, mais beaucoup de batteurs de funk utilisent alternativement les deux mains pour ce type de rythme.

IMPORTANT : Si vous alternez les mains, veillez à respecter les indications qui figurent au-dessus de la portée.

61 Mélangez-les

Essayez maintenant quelques motifs basés sur des doubles-croches qui contiennent des accents syncopés à la fois sur la caisse claire et sur la grosse caisse. (Attention — ils sont délicats et il peut se passer un peu de temps avant que vous ne les maîtrisiez !)

62 Cocktails Funky

Le prochain motif est également délicat au début, mais insistez jusqu'à ce que vos mains sentent, en quelque sorte, où aller.

REMARQUE : La main droite passe du charleston au dôme de la cymbale crash, et enchaîne avec la caisse claire avant de revenir sur le dôme de la cymbale (et reprend ensuite du début). La main gauche joue tous les « -tre » et les « -ble » sur le charleston.

63 C'est Ma Tournée !

Plus fort...

Si toutes les notes sont jouées exactement avec le même volume sonore, le rythme sera ennuyeux. Certaines notes doivent être accentuées, surtout celles de la caisse claire (les rimshots sont toujours efficaces !), certaines doivent être jouées « normalement », et certaines doivent être très douces. Rejouez les rythmes de cette leçon en variant les accents. Remarquez comme l'interprétation et le son tout entier changent.

Bien que les grooves suivants aient un ride en croches, les doubles-croches des parties de caisse claire et de grosse caisse donnent plutôt au morceau une pulsation de doubles-croches. Le **charleston ouvert** sur certains temps faibles accentue l'effet de syncope...

64 Funk Ouvert

Le Style Linéaire

De nombreux rythmes funk sont joués dans un style **linéaire**, c'est-à-dire qu'on ne joue qu'un seul élément du set à la fois (au lieu d'un ride constant avec des notes de caisse claire ou de grosse caisse jouées en même temps que le charleston).

Pour commencer, « libérez » le charleston de la contrainte de devoir jouer un flot régulier de noires, de croches ou de doubles-croches. Dans beaucoup de rythmes funk, le charleston joue les temps levés (les « et » du rythme). Essayez ce groove rudimentaire...

65 Et Maintenant

En voici un qui demande un peu plus de coordination, mais c'est un rythme qui en vaut la peine une fois que vous avez compris le truc ! (Et c'est toujours un plaisir d'impressionner les amis et la famille !)...

66 Et Ensuite

Ces « et » sonnent bien sur le dôme de la cymbale ride ! Continuez à faire ça pendant que vous jouez des noires sur la pédale du charleston avec votre pied gauche, comme dans les deux prochains exemples :

67 Et Après

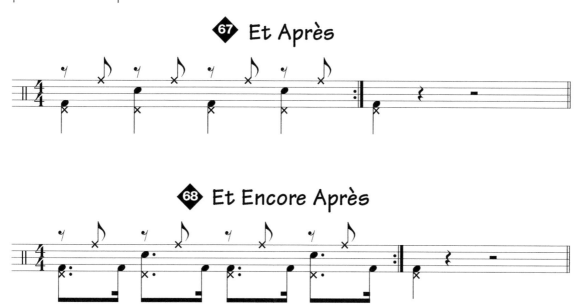

68 Et Encore Après

Voici deux autres motifs funk très courants sur le charleston. Remarquez que vous pouvez alterner vos mains de deux manières différentes.

69 Et-un, Et-deux

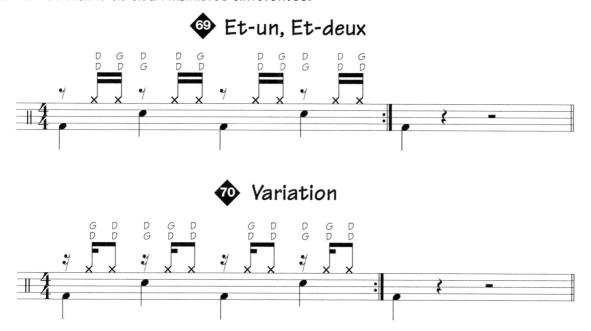

70 Variation

N'hésitez pas à mélanger et à assortir les variations sur le charleston…

71 Charleston Funk

Encore quelques effets funky...

Voici plusieurs rythmes linéaires qui utilisent la grosse caisse, la caisse claire et le charleston.

72 Funk Linéaire

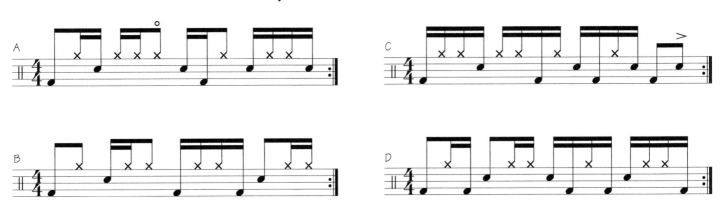

Alors que les rythmes funk utilisent souvent beaucoup de doubles-croches, beaucoup de batteurs choisissent d'« aérer » leurs rythmes en y incorporant quelques noires. Pour les motifs suivants, veillez à donner aux noires la totalité de leur valeur :

73 Répits

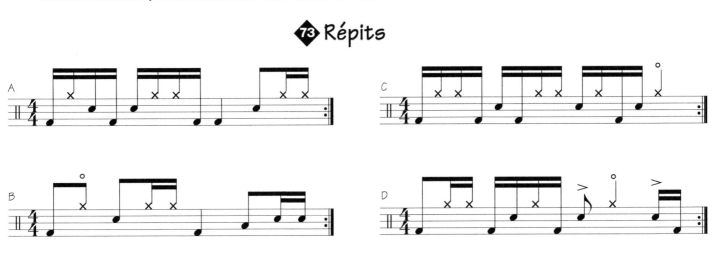

Les shuffles peuvent aussi être funky ! Essayez ceux-ci...

74 Shuffles Funk

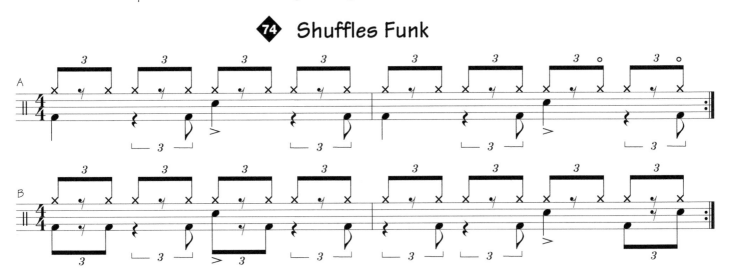

Maintenant que vous vous êtes fait la main, voici quelques derniers rythmes funk tout frais...

75 Radio Funk

76 Staccato Funk

Pause ! Laissez vos neurones refroidir.
Occupez-vous avec quelque chose qui ne demande pas de compter...
comme remplir votre feuille d'impôt ? !

LECON 9
La batterie rastafari

Contents de vous revoir. Intéressons-nous à un autre style de musique utilisé dans les chansons à succès d'aujourd'hui...

Le Reggae

Le style **reggae** est né en Jamaïque, et pour en saisir l'esprit, écoutez des artistes tels que Bob Marley, Peter Tosh ou Burning Spear. Mais des artistes tels que les Rolling Stones, Police ou Eric Clapton ont également incorporé des influences reggae dans leur musique.

L'un des grooves reggae les plus connus s'appelle le **one-drop**, dans lequel la grosse caisse est jouée sur le temps 3. La caisse claire peut aussi être jouée (généralement avec un rimshot posé) sur le temps 3 (exemple A), ou bien venir renforcer les accents du charleston sur les temps 2 et 4 (exemple B). Ecoutons d'abord la version avec le motif de croches régulières...

77 One-Drop Régulier

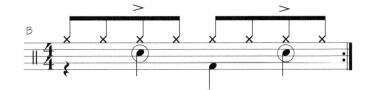

...et maintenant, écoutons l'effet shuffle one-drop :

78 One-Drop Shuffle

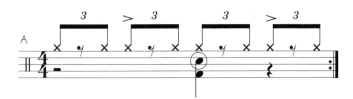
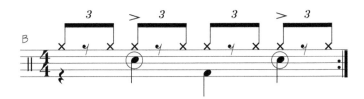

Voici plusieurs variations du rythme en one-drop. Sur le morceau n° 79, chaque motif sera joué deux fois, immédiatement enchaîné avec le suivant (vous avez déjà entendu ça quelque part ?).

79 Rythmes Reggae

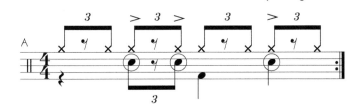
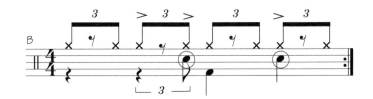

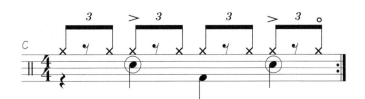
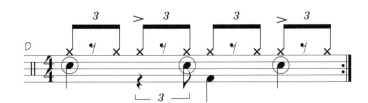

D'autres rythmes reggae...

80 Sous le Soleil de Babylone

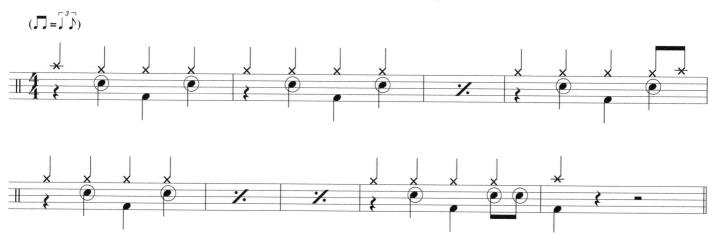

81 Jamaican Me Crazy

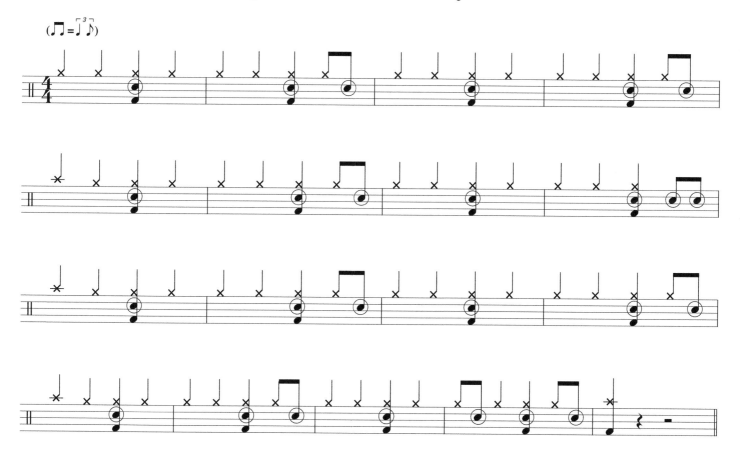

LECON 10
Pour danser jusqu'au bout de la nuit !

Certains styles de musique sont souvent classés dans la « dance music ». Pour le batteur, l'une des principales caractéristiques est que la grosse caisse va maintenir une pulsation régulière de noires. Les autres parties auront aussi tendance à être répétitives afin que les danseurs puissent facilement suivre le rythme.

Disco

Le style disco a été très populaire dans les années 1970. En plus de la grosse caisse régulière, beaucoup de rythmes disco comportent des notes de charleston ouvert sur les temps faibles. Remarquez que lorsque vous jouez des notes de charleston ouvert sur les temps faibles, vous devez fermer le charleston sur les temps forts – ce qui veut dire que vos deux pieds vont jouer la même pulsation de noires.

L'exemple n°82 présente quatre variations sur un rythme disco standard. Dans la première ligne, maintenez des croches régulières sur le charleston. Dans la seconde, vous pouvez jouer simplement les temps levés. (Le rendu sera à peu près pareil pour les deux.) La troisième ligne utilise quelques doubles-croches, et la quatrième reprend pratiquement le même motif (mais notez les indications de frappe : la main droite fait l'aller-retour entre la caisse claire et le charleston).

82 Déhanchements Disco

38

R&B vient de « Rhythm and Blues », un terme appliqué aux musiques qui combinent des éléments du blues, du jazz et du rock'n'roll. La musique d'artistes comme Chuck Berry, James Brown ou les Rolling Stones était à l'origine considérée comme R&B.

De nos jours, toutefois, le R&B renvoie à un mélange de funk et de ce qui était autrefois appelé « soul music ». Vous rencontrerez ce style dans la musique de Stevie Wonder, Marvin Gaye, The Temptations et bien d'autres. Il a généralement un groove dansant très prononcé, donc le rythme sera très coulant et répétitif. Un peu de syncope ne fait pas de mal, mais n'en abusez pas.

Les deux prochains morceaux vont vous permettre de vous faire une idée…

83 Groove Motown

84 Batterie R&B

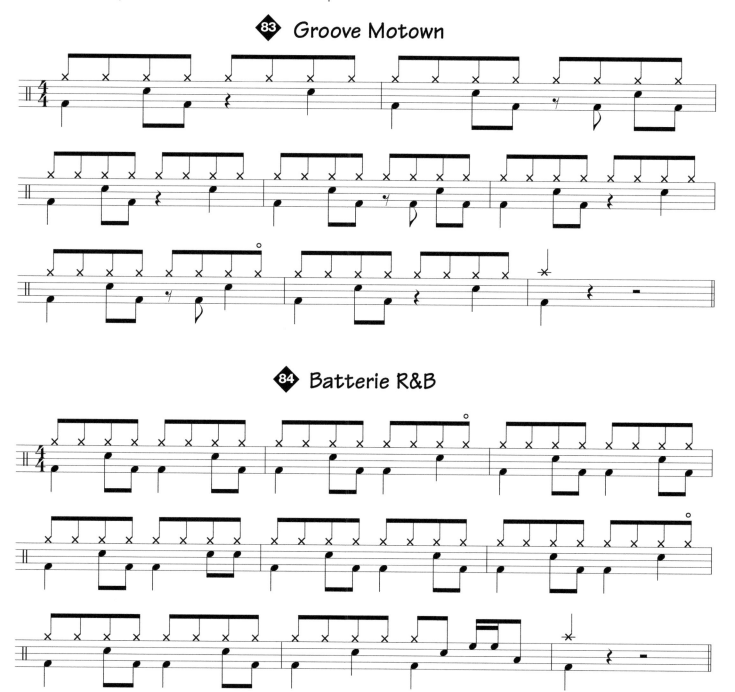

Le style hip-hop est un type de funk qui découle du rap. Comme beaucoup des premiers rythmes hip-hop étaient programmés sur des boîtes à rythmes, ils étaient parfois très difficiles (sinon impossibles) à jouer sur une batterie – il y avait tellement de notes !

Un motif de hip-hop très répandu (que vous pouvez jouer) est basé sur le shuffle half-time, mais au lieu que le rythme shuffle soit écrit en croches et que les coups de caisse claire tombent sur le temps 3, il est écrit en doubles-croches et la caisse claire est jouée sur les temps 2 et 4 (quatre clicks de croche débutent le morceau).

Certains triolets sont complétés par la grosse caisse ou par des « ghost notes » (notes muettes) sur la caisse claire (comme vous allez le voir et l'entendre dans le morceau n° 85) :

85 Batterie Hip-hop

Bossa Nova

La bossa nova est un rythme brésilien populaire qui a été utilisé à la fois par des groupes de rock et de jazz. Le rimshot posé sur la caisse claire imite le son des claves, alors que les motifs de grosse caisse et de charleston sont doux et coulants...

86 Bossez la Bossa Nova

Si vous éprouvez des difficultés à jouer le motif ci-dessus, vous pouvez commencer par simplifier la partie de grosse caisse pour le jouer de la manière suivante :

Dans un vrai groupe brésilien, il y aurait un musicien qui jouerait des croches avec des maracas ou un shaker à sable. Pour avoir un son plus authentique, vous pouvez donc secouer un des maracas avec votre main droite au lieu de faire votre ride sur le charleston. Un autre façon d'imiter le son d'un shaker est de frotter un balai métallique sur la peau de la caisse claire.

Rock Latin

Vous pouvez ajouter une touche de musique latino-américaine à certains de vos rythmes rock en faisant un ride sur une cloche de vache ou sur le dôme de la cymbale ride (plutôt que sur le charleston ou le renflement de la cymbale ride), en utilisant un rimshot posé sur la caisse claire, et en incorporant des toms à votre rythme. Essayez le motif suivant de style latin :

87 Rock 'n' Cha-cha

On dirait que ça vous a donné envie de manger quelque chose d'épicé, hein ?
Et bien faites une pause et allez faire un tour chez l'épicier !

AMUSONS-NOUS AVEC LES PARADIDDLES
(et autres bestioles bizarres)

Tout comme les guitaristes et les claviers qui font des gammes pour apprendre à se déplacer sur leur instrument avec dextérité, les batteurs répètent des **rudiments** – des motifs rythmiques et des techniques qui peuvent être utilisés de différentes manières. Vous avez appris un important rudiment dans le volume 1 : les **flas**. Dans cette leçon, nous allons voir un autre rudiment utile...

Les Paradiddles

Un paradiddle simple (également appelé « le moulin ») est un groupe de quatre notes de même durée (généralement des croches ou des doubles-croches) qui sont jouées avec deux coups alternés suivis d'un double coup. Vous rencontrerez souvent deux paradiddles l'un après l'autre, comme dans l'exemple qui suit :

 IMPORTANT : Suivez les **indications de frappe** (main Droite / main Gauche) au-dessus de chaque paradiddle. (C'est tout l'intérêt de la chose !)

Quand vous jouez le double coup (DD ou GG) à la fin de chaque paradiddle, veillez à bien jouer chaque note. Ne vous contentez pas de laisser rebondir la baguette pour jouer le deuxième coup. Sinon, le rendu sera peu convaincant (on risque même de vous traiter de mauviette !).

Répétez l'exemple ci-dessus jusqu'à ce que vous parveniez à le jouer sans effort et sans avoir besoin de réfléchir pour savoir quelle main utiliser.

Pour vous aider à mémoriser ce motif, essayez de dire le nom du rudiment (prononcez 'pa-ra-di-ddel') au moment où vous le jouez :

Essayez maintenant de jouer un paradiddle de doubles-croches ainsi que la grosse caisse sur chaque temps...

Pas seulement pour s'exercer...

Les paradiddles font de bon fills. Essayez ceci pour commencer, puis créez vos propres combinaisons :

🔶88 Roulements à Fill

Servez-vous des paradiddles pour créer des rythmes de batterie intéressants. Jouez simplement des paradiddles entre la caisse claire et le charleston, en accentuant les backbeats :

89 C'est le Paradi(ddle)

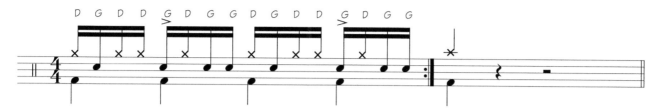

Vous pouvez créer un super rythme de batterie à consonance latine grâce aux paradiddles. Jouez de la main droite sur le dôme de la cymbale ride (ou sur une cloche de vache). Jouez des coups simples avec la main gauche sur la caisse claire et des coups doubles sur un tom, comme dans l'exemple suivant.

Ecoutez d'abord plusieurs fois le morceau n° 90 avant de le jouer...

90 Ajoutez les Toms

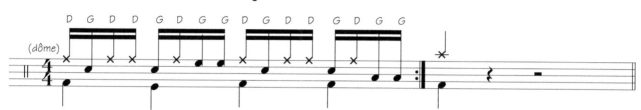

Pour un rythme de rock entraînant, jouez le paradiddle entre la main gauche (caisse claire) et le pied droit (grosse caisse), et des noires de la main droite sur la cymbale ride ou le charleston. Veillez à accentuer les backbeats sur la caisse claire mais jouez les autres notes de caisse claire en douceur, comme des « notes muettes ».

91 La Caisse Fantôme

Et vous pouvez bien sûr appliquer le motif du paradiddle à un shuffle. Celui-ci a un bel effet half-time (tant que vous placez les accents au bon endroit !).

92 Shuffle de Paradiddles

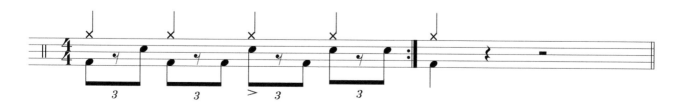

UNE PAGE AVEC QUE DU TEXTE

(Lisez-la quand même !)

Prêt à jouer...

Vous avez beaucoup appris dans les dernières pages, il est donc temps de vous servir de ce savoir et de cette technique pour jouer quelques chansons en entier. Tout d'abord, passons en revue les clés d'une bonne interprétation musicale :

 CONNAISSEZ LA CHANSON : Ne jouez pas simplement des rythmes, des fills et des coups de cymbale crash au hasard. Le batteur doit comprendre la structure de la chanson aussi bien que le reste du groupe. Trouvez des façons de renforcer la structure du morceau en changeant le rythme ou le son quand la chanson passe d'un couplet au refrain. Jouez des fills en fin de sections et frappez les cymbales pour marquer le début d'une nouvelle section. Et surtout, veillez à ce que votre rythme de batterie soit compatible avec les rythmes joués par les autres instruments.

 SOYEZ COHÉRENT : Choisissez un rythme distinct pour chaque section de la chanson, et jouez le même motif de base chaque fois que la section est répétée. Cela ne veut pas dire que vous ne pouvez pas jouer une note supplémentaire ici ou là pour pimenter un peu les choses, mais ne modifiez pas le rythme au point qu'on ait l'impression que vous êtes passé à une autre chanson.

 NUANCEZ VOTRE JEU : S'exprimer avec nuance signifie jouer à des volumes différents, y compris très faibles. Bien sûr les trucs forts sont impressionnants et marrants à jouer, mais l'effet sera encore plus impressionnant s'il y a quelques passages doux en contraste. Réservez votre jeu vraiment fort pour les points culminants. Conduisez le morceau avec conviction, pas seulement avec du volume.

 CRÉEZ DE L'INTENSITÉ : N'abattez pas toutes vos cartes dès l'intro. Gardez quelques atouts pour la fin. Laissez la chanson augmenter progressivement en intensité. Apprenez à susciter l'intérêt de l'auditeur.

 ÉCOUTEZ, ÉCOUTEZ, ÉCOUTEZ : Ne vous enfermez pas dans ce que vous faites au point de ne plus savoir ce que les autres membres du groupe sont en train de jouer. Vous ne pouvez pas ajuster votre jeu au leur si vous ne les écoutez pas constamment.

 LAISSEZ-VOUS GUIDER PAR LA MUSIQUE : N'essayez pas de placer à tout prix vos rythmes et fills préférés. Soyez attentif à ce que jouent les autres membres du groupe et ce que vous devez jouer pour compléter les autres instruments vous apparaîtra évident.

 SIMPLE NE VEUT PAS DIRE ENNUYEUX : Il y aura peut-être un ou deux batteurs dans la salle pour voir quels types de plans vous connaissez. NE VOUS EN OCCUPEZ PAS ! Jouez pour la musique, pour le groupe, et pour les gens qui écoutent et/ou qui dansent. Si vous voulez décrocher beaucoup de concerts, vous n'avez pas besoin d'impressionner d'autres batteurs parce qu'ils ne vont pas vous embaucher. Impressionnez les guitaristes, les bassistes, les claviers et les chanteurs. Le moyen d'y parvenir est de faciliter leur tâche en leur fournissant un rythme simple et solide. (Et les BONS batteurs seront impressionnés quand ils vous entendront faire ça !)

Okay, il est temps de s'attaquer aux trois dernières chansons. Montrez ce que vous savez faire !

LEÇON 11
Démarrez votre propre groupe...

Comme dans le volume 1, ce dernier chapitre n'est pas une leçon... c'est votre jam session !

Tous les livres **FastTrack**™ (Batterie, Basse, Clavier, Saxophone et Guitare) ont la même dernière section. De cette manière, vous pouvez soit jouer seul sur l'accompagnement du CD, soit former un groupe avec vos amis.

Maintenant, que le groupe soit sur CD ou dans votre garage, que le spectacle commence...

45

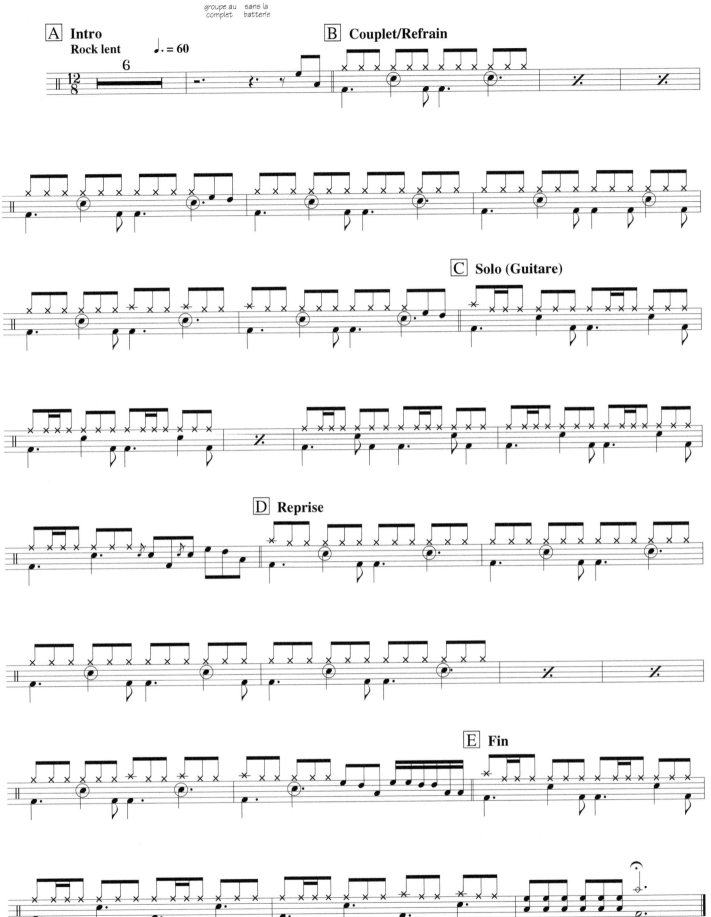

Félicitations !
Vous êtes prêt pour remplir les stades...

INDEX DES CHANSONS
(... il en faut bien un !)